수학을 후루룩 마시는 황금이
: 평면도형과 연산

초판 1쇄 펴냄 2014년 11월 25일
　　2쇄 펴냄 2018년 11월 1일

지은이 박현정
그린이 곽재연
펴낸이 고영은 박미숙

펴낸곳 뜨인돌출판(주) | 출판등록 1994.10.11.(제406-251002011000185호)
주소 10881 경기도 파주시 회동길 337-9
홈페이지 www.ddstone.com | 블로그 blog.naver.com/ddstone1994
페이스북 www.facebook.com/ddstone1994 | 노빈손 www.nobinson.com
대표전화 02-337-5252 | 팩스 031-947-5868

ⓒ 2014 박현정, 곽재연

ISBN 978-89-5807-546-2 73410
CIP2014032485

어린이제품안전특별법에 의한 제품표시
제조자명 뜨인돌어린이 **제조국명** 대한민국 **사용연령** 만 8세 이상

박현정 지음 | 곽재연 그림

뜨인돌어린이

| 작가의 말 |

수학을 공부하는 이유가 뭘까요?

아침 일찍 엄마가 깨우는 소리에 눈을 뜹니다. 잠이 덜 깨서 눈을 감고 아침 식사를 하고요, 학교에 늦지 않으려고 서두릅니다. 필통에 연필과 볼펜을 넣고 시간표에 맞춰 교과서와 공책을 챙깁니다. 어휴! 너무 가방이 무거워! 다시 가방을 열어서 빼도 되는 것을 찾습니다.

이 모든 상황에서 여러분은 수와 숫자, 그리고 도형을 만납니다. 도형을 언제 만났냐고요? 가방의 모양을 생각하면서 공책을 넓은 쪽으로 넣을지, 아니면 좁은 쪽으로 넣을지도 생각하고, 필통의 모양을 생각하면서 긴 연필을 빼기도 하고, 작은 지우개를 넣기도 하지요.

여러분이 깨닫지 못했지만 사실은 아침부터 저녁까지 수학이란 창으로 세상을 바라보며 살고 있었답니다.

이미 이렇게 수학으로 잘살고 있는데, 머리 아프게 왜 더 수학을 배워야 하냐고요? 그건 말이죠, 지금 알고 있는 수학만으로는 부족하기 때문이에요. 수학을 공부하게 되면, 깊게 생각할 수 있는 힘과 다른 사람들의 생각을 이해하고 함께 나눌 수 있는 능력이 길러져요. 그래서 주변에서 일어나는 문제들을 합리적으로 해결할 수 있어요. 뿐만 아니라, 수학적으로 상상하다 보면 창의적이고 체계적으로 생각할 수 있는 힘이 키워지지요. 이렇게 멋진 수학을 여러분이 좋아하고 좀더 재미있게 공부하길 바라며 이 책을 썼답니다.

『수학을 후루룩 마시는 황금이』는 마음이 따뜻해지는 동화예요. 저는 이 글을 쓰는 동안 개나리 숲 속에 있는 것처럼 마음이 포근했어요. 황금이와 푹이의 우정이 정말 특별했거든요.

땅을 잘 파지 못하는 황금이는 땅은 잘 파지만 앞을 잘 못 보는 푹이를 만나 함께 엄마를 찾아 떠나게 돼요. 그 여행에서 황금이는 세상을 하나씩 배워 가지요. 별나고 특별한 사과나무 주인을 만나 친구가 되고, 듣지 못하는 거북 아저씨에게 상대방을 이해하는 마음을 배웁니다. 그리고 수학이란 창으로 세상을 상상하는 법도 알게 되지요.

이 책을 읽는 여러분도 황금이처럼 수학적 개념이나 원리로 상상을 마음껏 펼치세요. 그리고 수학의 창을 열고 넓고 넓은 세상으로 힘차게 나아가세요! 황금이와 제가 응원할게요.

박현정

반짝이는 황금 털을 가진 황금이는 고슴도치예요.
　그리고 황금이의 친구이자 세상에서 제일 땅을 잘 파는 푹이는 아주 작은 두더지랍니다.
　황금이와 푹이는 수학을 더 많이 배우기 위해서 거북 아저씨를 찾아가고 있습니다.
　아무것도 안 보이는 땅속에서도, 황금이와 푹이가 웃는 모습은 반짝반짝 빛이 납니다.

황금이는 땅을 푹푹 파고 있는 푹이에게 물었어요.

"거북 아저씨는 바다에 산다고 했지? 바다가 뭘까? 푹이야, 너는 바다를 본 적이 있어?"

"아니! 하지만 여우 아줌마가 그러셨잖아. 바다는 아주 짠 물이라고. 그 물을 퍼서 지렁이 찌개를 끓이면 맛있겠지?"

푹이가 눈을 반짝이며 말했어요.

"바닷물로 찌개를 끓인다고?"

"응. 맛있겠지? 하지만… 바다가 자기를 퍼 낸다고 화를 내면 어쩌지?"

"화를 낼 수도 있겠다……."

황금이는 머리를 긁적이더니 매고 있던 보따리에서 사과를 꺼냈어요.

"그 대신 바다에게 이 사과를 주면 되지 않을까? 여우 아줌마의 동그란 사과가 네모난 땅에 우두두 떨어지기에, **뾰족한 꼭짓점이 3개인 삼각형 모양의 보자기에 싸서 가져왔어.** 지렁이도 아주 많이 가져왔고."

푹이는 고개를 끄덕이더니, 여우 아줌마가 알려 준 대로 앞으로 쭉 곧은 선을 그리면서 땅을 파 나갔어요. 한참 땅을 팠더니 눈앞에 동그란 달님이 나타났습니다.

"와! 달이다. 달은 푹이 엉덩이처럼 동그랗네. 그런데 이상하다. 어째서 달이 보이는 거지? 지금 땅속에 있는 거 아냐? 땅속인데 하늘의 달이 보이나?"

황금이가 고개를 갸우뚱했어요.

"뭐라고? 하늘의 달이 보인다고?"

당황한 푹이가 외쳤죠.

"응, 저거 달이잖아!"

"어, 어떻게 된 거지? 나는 여우 아줌마가 말한 대로 앞으로 쭉 땅을 팠는데? 어… 아차!"

"왜 그래?"

황금이가 푹이에게 얼굴을 들이밀었어요.

"생각해 보니… 커다란 돌이 나와서 그걸 피하느라 몸을 오른쪽으로 돌려서 땅을 팠어. 그대로 쭉 가다가… 옆에서 부들부들하고 야들야들한 모래흙이 느껴지기에 그만……"

몸을 오른쪽으로 빙그르르 돌려 출발!

"그만 뭐?"
"다시 몸을 오른쪽으로 돌려서 땅을 팠어. 그러니까 처음 자리로 왔네. 어쩌지?"

"괜찮아, 푹이야. 네 덕분에 저렇게 크고 예쁜 달을 보게 되었어. 너 저 달이 보이니? 저 달처럼 **뾰족한 곳이 한 군데도 없고 곧은 선도 없는 도형이 바로 원이야.**"
황금이는 푹이에게 달을 설명하기 시작했어요.

"땅 위에서 이~렇~게 기지개를 켜면 몸이 하늘로 쑹 올라가는 것 같지? 기억 나? 그때 괴물이 너를 물고 날아올랐던 것처럼 말이야. 그렇게 하늘로 쭈욱 올라가면 달이 있어!"
황금이는 푹이의 얼굴 주위로 동그란 원을 그렸어요.

"동그랗게 생긴 보름달이 하늘에 둥둥 떠 있지."
"하늘에 떠 있다고? 누가 붙잡아 주는 거야?"
"아냐, 스스로 하늘에 매달려 있는 거야. 떨어지지 않는 마법의 사과처럼."
푹이가 황금이를 껴안았어요.
"히히! 내가 황금이에게 매달린 것처럼?"
황금이도 푹이를 힘껏 껴안았어요.
"아니, 우리가 서로에게 매달린 것처럼. 헤헤."

여러 가지 도형을 후루룩~

원
원은 곧은 선과 뾰족한 점이 없습니다.

삼각형
삼각형에는 변이 3개, 꼭짓점이 3개 있습니다.

도형의 변은 곧은 선이고 꼭짓점은 곧은 선과 곧은 선이 만나서 뾰족하게 된 부분입니다.

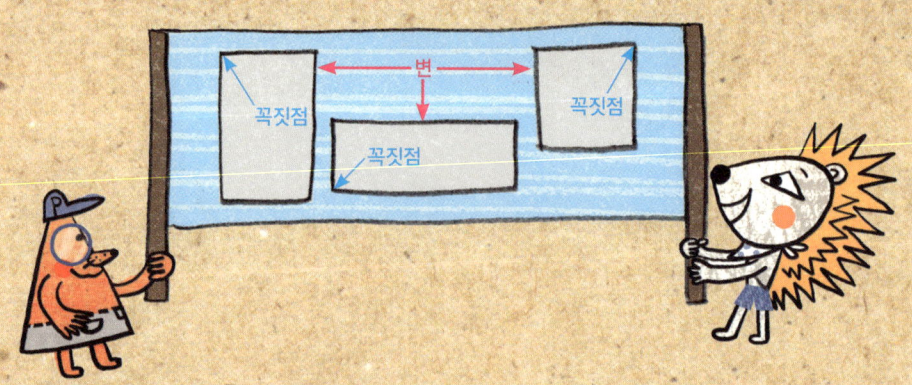

사각형

사각형에는 변이 4개, 꼭짓점이 4개 있습니다.

오각형, 육각형

오각형은 변이 5개, 꼭짓점이 5개인 도형이며, 육각형은 변이 6개, 꼭짓점이 6개인 도형입니다.

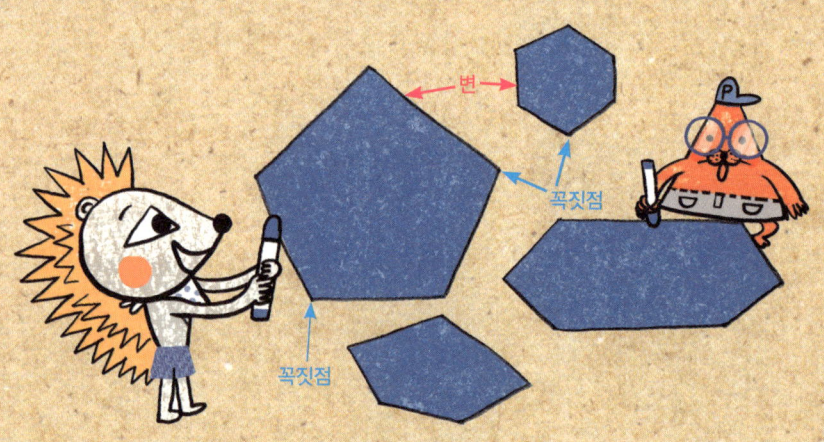

어떤 게 오각형이고 어떤 게 육각형이지?

푹이가 흙을 털면서 큰 소리로 말했어요.

"이번에는 내가 좋아하는 모래흙이 나와도, 돌이 앞을 가로막아도 그냥 쭉 갈 테야! 우린 바다로 가야 하니까. 그런데, 바다는 어떤 소리를 낼까? 소리를 들으면 금방 방향을 알 수 있는데……."

푹이가 한 손을 귀에 대고서 고개를 이리저리 돌렸어요. 그러자 황금이가 말했어요.

"푹이야, 너는 바다를 귀로 찾아! 난 눈으로 찾을게. 아무리 바다가 숨어 있어도 우린 찾을 수 있을 거야."

"응."

"바다는 네모난 사각형일까? **여우 아줌마가 앉아 있던 바위는 상자 모양이었는데, 위에서 보면 사각형으로 보였어. 쭉 뻗은 곧은 선이 4개이고 뾰족한 꼭짓점이 4개였는데…….**"

두더지 푹이가 다시 땅을 파기 시작했습니다.

고슴도치인 황금이는 그 뒤를 따라가면서 작은 손으로 흙을 조금씩 정리했어요.

앞서 가던 푹이가 갑자기 외쳤어요.

"이런! 커다란 바위가 앞을 막고 있어."

기운이 빠진 푹이는 주저앉아 버리고 말았지요.

그때 아주 작게 "비이이이-" 하는 소리가 들렸어요. 황금이의 눈이 동그래졌어요.

"무슨 소리지?"

"야, 이 커다란 엉덩이를 치우지 못해?"

누군가의 목소리가 들렸어요. 푹이는 벌떡 일어나 주변을 두리번거렸지요.

"여기야, 여기라고! 이 털북숭이야. 네가 날 죽일 뻔했어."

푹이에게 말하고 있는 것은 작은 벌레인 땅강아지였어요.

"내가 얼마나 놀랐는지 알아? 너 이제 큰일 났다! 내 친구들을 모두 불러서 널 깨물어 버릴 거야!"

"참내, 난 또 누구라고! 우리 동네에서는 너를 간식으로 먹거든. 자꾸 떠들면 먹어 버릴 테니까, 조용히 해!"

그 말을 들은 땅강아지가 유심히 푹이를 보더니 소리를 질렀어요.

"꺄아악! 너 두더지였어? 무슨 두더지가 이렇게 작아! 너무 작아서 두더지인 줄 몰랐잖아! 아아앙~."

황금이는 신기한 듯이 벌벌 떠는 땅강아지를 바라보며 말했어요.
"푹이는 내 친구니까 널 안 먹을 거야. 걱정 마, 납작 털벌레야!"
쿵쿵대며 땅강아지의 냄새를 맡던 푹이가 침을 삼켰어요.

"그런데… 황금아……. 어쩌면 내 마음이 바뀔 수도 있을 것 같아. 조금 먹고 싶기도 하거든."

"뭐?"

"물론 땅강아지가 날 도와주면 안 먹을 거야."

푹이 가까이로 다가간 땅강아지가 고개를 쳐들고 눈을 깜빡거렸어요.

"뭘 도우면 되는데?"

"여기 큰 돌을 피해 갈 수 있는 방법을 알려 줘!"

"돌이 싫으면 다른 쪽으로 구멍을 파면 되잖아."

땅강아지의 말을 들은 푹이가 발끈해서 대답했어요.

"안 돼. 여우 아줌마가 거북 아저씨를 만나려면 앞으로 쭉 가라고 했단 말이야."

"뭐, 거북 아저씨? 거북 아저씨를 만나러 가려고? 그러려면 사과나무 주인을 먼저 만나야 할걸?"

"여우 아줌마가 사과나무 주인이잖아!"

"아냐! 사과나무 주인은 따로 있어. 사과나무 주인은 사과나무에서 좀처럼 내려오질 않아. 누굴 만나 주지도 않지.

하지만 거북 아저씨를 만나려면 반드시 사과나무 주인부터 만나야 한다고."

큰소리치던 땅강아지가 갑자기 고개를 갸우뚱하면서 물었어요.

"그런데 왜 거북 아저씨를 만나려고 해?"

"수학을 배우려고. 그래야 엄마를 찾을 수 있거든."

"엄마? 엄마를 잃어버렸어? 알았어! 그럼 내가 도와주지! 혹시 지렁이 갖고 있어?"

황금이는 매고 있던 보따리를 풀어서 그 속에 넣어 놓은 지렁이들을 보여 주었어요. 땅강아지가 고개를 끄덕였어요.

"좋아! 내 친구들을 불러서 땅을 파게 할게. 그 대신 내 친구들에게 그 지렁이를 나눠 주어야 할 거야."

"물론이지."

황금이가 신이 나서 대답하자 땅강아지는 "비이비이" 하고 소리를 내어 친구들을 불렀어요.

잠시 후에 시꺼멓게 많은 땅강아지들이 몰려와서 육각형 모양의 돌덩어리 윗부분에 구멍을 내었어요.
 땅강아지 친구들이 구멍을 깊게 파자 정말 매끈하게 돌이 두 조각으로 잘렸어요.
 그러자 돌이 두 개의 오각형 모양으로 바뀌었답니다.
 "와우! 대단하다!"
 황금이가 흥분해서 박수를 쳐 댔어요.

"고마워. 네 친구들이 모두 몇 마리인지 말해 줄래? 친구들에게 지렁이를 나눠 줄게."

땅강아지는 고개를 끄덕이며 친구들의 수를 셌어요.

"북쪽에서는 26마리, 서쪽에서는 19마리, 남쪽에서는 18마리, 동쪽에서는… 음, 나밖에 없네. 그러니까 한 마리야. 이제 지렁이를 줘!"

푹이는 앞발 뒷발을 펼쳤다 접었다 하면서 지렁이를 세려고 노력했지만 어려웠어요.

"황금아, 그러면 모두 몇 마리가 필요하다는 거야?"

황금이는 여유 있는 미소로 푹이를 쳐다보았지요.

"여우 아줌마한테 배웠잖아. 먼저 북쪽에서 스물여섯(26) 마리의 친구가 왔고, 서쪽에서는 열아홉(19) 마리의 친구가 왔으니까 모두 합하려면 덧셈을 해야 해!"

"응, 알아. 하지만……."

푹이가 머뭇거렸어요.

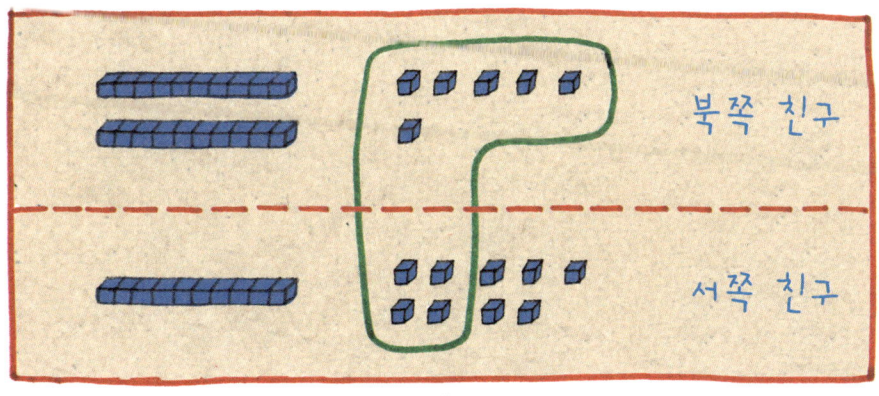

북쪽 친구

서쪽 친구

$26 + 19 = \boxed{45}$

"북쪽과 서쪽에서 온 친구들을 더했지? 여기에 남쪽과 동쪽에서 온 친구들까지 모두 합하면?"

"북쪽과 서쪽에서 온 친구들을 더한 숫자가 45이고, 남쪽에서는 18마리의 친구들이 왔으니까 45 + 18을 하면 돼."

"그래 그래."

푹이는 자신 있게 대답했어요.

"북쪽과 서쪽, 그리고 남쪽에서 온 친구들의 수는 모두 육십삼(63) 마리가 되는 거야. 그러면 내가 너한테 63마리의 지렁이를 주면 되지?"

황금이의 말에 땅강아지는 고개를 세게 저었어요.

"아니야! 틀렸어!"

"왜?"

"동쪽에서 온 친구 것은 없잖아?"

"동쪽? 누가 동쪽에서 왔는데?"

그렇게 물은 황금이와 땅강아지의 눈이 마주쳤어요.

"아참참! 네가 동쪽에서 왔지? 미안 미안. 육십삼(63)에 한(1) 마리를 더하면 육십사(64) 마리니까, 그만큼 지렁이

북쪽 친구
+
서쪽 친구

남쪽 친구

$45 + 18 = \boxed{63}$

$63 + 1 = 64$

동쪽 친구

를 주면 되겠구나?"

"그래! 그래!"

그제야 땅강아지는 미소를 지었어요.

"참참! 한 가지 알려 줄게. 사과나무 주인은 낯선 동물들을 싫어하니까 조심해."

황금이의 눈이 동그래졌어요.

"뭐? 그러면 어떻게 해야 돼?"

"그냥 도와주러 온 거라고 말해. 기분 상하게 하면 절대 안 돼. 사과 주인은 변신을 잘해서 찾기도 힘들고, 도망가 버릴 수도 있거든."

땅강아지는 날개를 파르르 떨었어요.

"도와주러 왔다고 말해야 해, 잊지 마! 이쪽으로 쭉 가면 아주 굵은 나무뿌리가 나타날 거야. 바로 거기가 사과나무 주인이 사는 나무야. 그 나무엔 사과가 열리지 않으니까, 금방 알아볼 수 있을 거야. 이상하지? 하여튼 행운을 빌어! 안녕!"

땅강아지는 뒤도 안 돌아보고 떠났어요.

다음 날, 황금이는 엄마를 계속 부르다가 잠에서 깼어요.

"황금아, 엄마 꿈 꿨어?"

옆에 있던 푹이가 황금이에게 물었어요.

"응. 꿈에서 엄마를 만났어."

황금이가 슬픈 목소리로 푹이에게 말했어요.

"그런데 엄마가 알 수 없는 말을 했어."

"뭐라고?"

푹이는 황금이에게 귀를 바짝 댔어요.

"나더러… 엄마를 마음으로 찾으래. 엄마는… 보이지 않는다고……."

푹이는 천천히 일어나서 황금이 곁으로 다가갔어요.

"황금아, 난 네가 잘 안 보이지만 널 느낄 수 있어. 상상이 되니까."

푹이는 세상에서 가장 따뜻한 미소를 지었어요.

"엄마도 너에게 그렇게 느껴 보라고 하신 말씀이 아닐까?"

황금이는 잘 이해할 수가 없었어요.

"황금아! 얼른 지렁이부터 먹어. 거북 아저씨… 아니, 사과나무 주인을 먼저 만나러 가야 하니까!"

황금이는 고개를 끄덕였어요. 푹이는 다시 열심히 땅을 파기 시작했고요.

황금이는 그 뒤에 바싹 붙어서 흙을 양 옆으로 옮겼어요.

며칠을 앞으로 나아갔어요.

아마도 땅강아지가 말한 무지 굵은 나무뿌리까지 온 것 같아요.

푹이는 천천히 땅 위쪽으로 흙을 파서 땅 위로 코를 내밀고 쿵쿵 냄새를 맡아 봅니다.

"땅 위다! 무슨 냄새가 나는 것 같아."

황금이도 땅 위로 살짝 고개를 내밀어 보았어요.

"캄캄한 걸 보니 밤이야! 무슨 냄새인지 확인해 보자."

황금이와 푹이는 땅 위로 조심해서 올라갔어요.

황금이는 주변을 두리번거렸어요. 더 멀리 보고 싶었기 때문에 옆에 있는 돌 위로 올라갔지요.

그런데 발을 디딘 순간, 돌이 물컹거려서 화들짝 놀랐어요.

"돌이 왜 이러지? 돌이 살아 있나? 귀신?"

"귀신이라고? 우아~."

푹이는 귀신이란 말에 겁을 먹고 이리저리 뛰어다녔어요.

그러자 어디선가 목소리가 들려왔어요.

"아아아아앗~ 아…프잖아……."

그 목소리를 들은 황금이는 땅강아지가 한 말이 불현듯 기억났어요.

"설마… 혹시 사과나무 주인이신가요?"

"그래. 그렇단다."

가까이에서 아주 느리고 굵은 목소리가 들려왔어요.

"안 보여요! 어디 계신 건가요?"

물컹거리는 돌 옆에서 커다란 나뭇잎 무더기가 움직였어요. 나뭇잎 무더기는 서서히 녹색에서 검은빛으로 변하더니 천천히 눈을 떴어요.

황금이는 땅강아지가 한 말을 떠올렸어요.
"저희는 사과나무 주인을 도우러 왔어요. 정말이에요. 선물로 사과도 가져왔어요!"
"안녕하세요. 전 푹이예요. 헤헤. 저도 도와드릴게요."
황금이가 사과를 내밀자, 사과나무 주인은 쿵쿵거리며 사과의 냄새를 맡아 보았어요.
"이것이 사과라는 과일이야? 신기하다."
"사과나무에 살면서 사과를 처음 보세요?"
황금이가 놀라서 물었어요.

사과나무 주인은 천천히 털을 아래에서 위로 쓸어 올리면서 황금이와 푹이를 보며 고개를 끄덕였어요.
"혹시 저희가 도울 일 없어요?"
"너희들은 이미 나를 도와주었어."
"네?"
푹이와 황금이는 어리둥절했어요.
"난 비가 오면 빗소리를 따라 똥을 누거든. 그런데 요즘 비가 안 와서 똥을 누러 내려왔어. 똥을 다 눠서 땅속에 묻으려 했는데 너희가 이미 똥을 꼼꼼히 밟아 주었기 때문에 그럴 필요가 없을 것 같구나."
"우웩! 우웩! 우에에에에엑!"
푹이는 황금이의 발을 보면서 구역질을 했어요.
황금이 발밑에서 물컹거렸던 건 사과나무 주인의 똥이었던 거예요.

황금이는 애써 미소를 지었어요.

"귀찮았는데 너희들 덕분에 땅에 똥을 묻지 않고 바로 나무 위로 올라갈 수 있겠구나. 고맙다, 애들아!"

황금이는 발을 나뭇잎으로 쓱쓱 닦았어요. 푹이는 주변 냄새를 맡느라 코를 킁킁거렸고요.

"그런데 이 나무가 정말 사과나무인가요? 아닌데……. 사과 냄새가 안 나는데……."

"궁금하니?"

"네!"

"그럼 알려 줄 테니, 우선 나를 이 나무 위로 올라가게 도와줘. 조금 있으면 잘 시간이거든."

사과나무 주인은 늘어지게 하품을 했어요.

"난 하루에 18시간을 잔단다. 운동 시간이 적어서 그런지 기운도 없고……."

"어? 그럼 깨어 있는 시간은 하루에 얼마나 되는 거예요?"

푹이는 바닥에 앉아 앞발 뒷발을 꼼지락거리며 사과나무

주인이 깨어 있는 시간을 계산했어요.

"하루가 24시간이니까 24에서 18을 빼야겠지? 어? 일의 자리가 4니까 거기선 8을 못 빼는데······."

"받아 내림을 하렴!"

사과나무 주인이 천천히 말했어요.

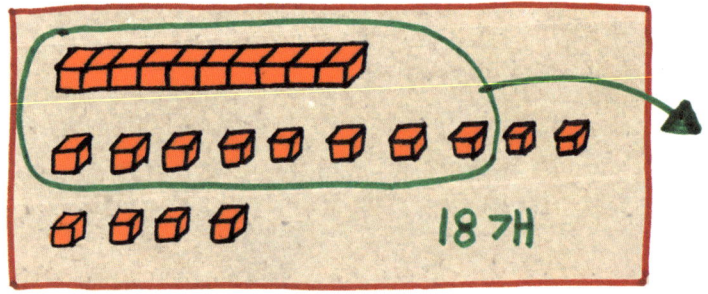

"아하! 십의 자리에서 10을 일의 자리로 받아 내림해서 빼면 되지!"

"하루에 6시간밖에 안 깨어 있네요?"

푹이가 계산을 마친 뒤 말했어요.

"그런가? 내가 6시간밖에 안 깨어 있었나?"

"네. 깨어 있는 시간과 잠자는 시간을 더해서 24가 나오면 되잖아요. 하루는 24시간이니까요. 6과 18의 합을 구하면 24시간이 나와요!"

황금이가 자신 있게 대답했어요.

"황금아, 잠자는 시간과 깨어 있는 시간을 더해도 돼?"

푹이가 머리를 갸웃하며 물었어요.

"그럼! 그러면 18과 6의 합을 구하면 되는데 덧셈은 순서를 바꾸어도 항상 답이 같거든!"

"18 + 6과 6 + 18의 합이 같다는 거지? 그러면 하루에 깨어 있는 시간을 빼면, 잠자는 시간도 나오겠네? 24시간에서 6시간을 빼면?"

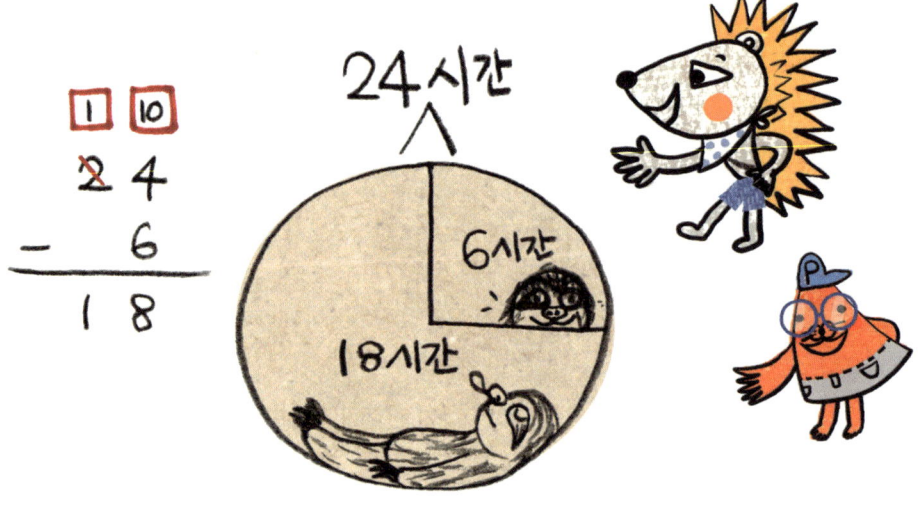

"맞아, 푹이야! 24시간에서 6시간을 빼면 잠자는 시간은 18시간이야."

푹이는 황금이에게 배운 덧셈과 뺄셈을 혼자 힘으로 해낸 것이 스스로도 신기했어요.

"덧셈과 뺄셈은 황금이와 나처럼 아주 친하구나. 덧셈이 되면 뺄셈도 되고, 뺄셈이 되면 덧셈도 되네!"

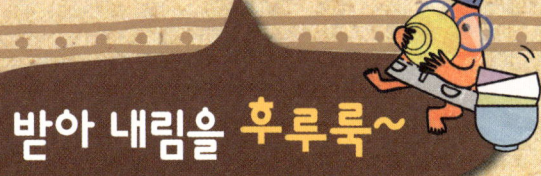

받아 내림을 후루룩~

받아 내림이 있는 두 자릿수의 뺄셈

일의 자리 수끼리 뺄셈을 할 수 없으면 십의 자리에서 10을 받아 내림 합니다.

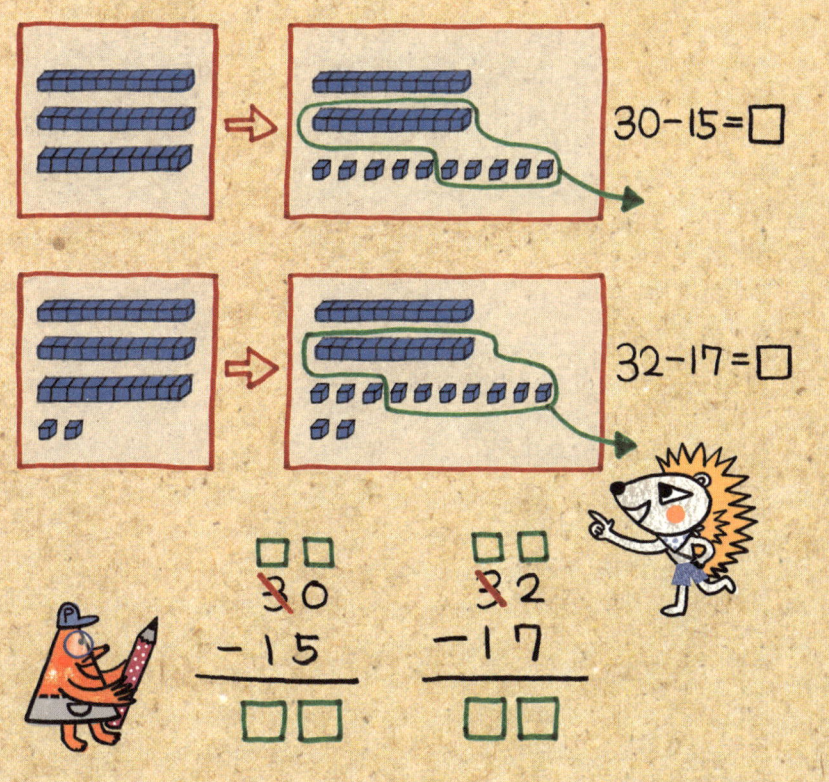

네모 안에 숫자를 넣어 볼래?

푹이는 웃는 얼굴로 사과나무 주인의 엉덩이를 힘차게 밀어 주었어요.

황금이도 사과나무 주인이 나무 위로 올라갈 수 있도록 도와주었지요.

"왜 이렇게 하루가 짧은가 했더니, 너무 많이 자서 그런 거였군. 그래서 남의 부탁을 들어줄 시간도 없었던 거야. 하지만 너희들은 나를 이렇게 도와주는구나. 마치 내 몸속에 있는 박테리아처럼……."

사과나무 주인은 푹이와 황금이의 도움으로 나무 위로 가뿐히 올라갈 수 있었어요. 황금이가 그 뒤를 따라서 푹이를 업고 나무 위로 올라갔어요. 사과나무 주인은 나뭇가지에 거꾸로 매달렸어요.

"내가 누군지 궁금하니?"

"궁금해요……."

황금이는 수줍게 대답했어요.

사실은 어떻게 해야 거북 아저씨를 만날 수 있는지가 더 궁금했어요.

"나는 나무늘보야. 사과나무 주인이지. 하지만 내가 사는 나무에는 사과가 열리지 않아. 사과는 비가 거의 오지 않고, 낮과 밤의 온도 차이가 심해야 잘 자라는데 이곳은 비가 많이 오는데다 온도 차이도 별로 나지 않고 계속 덥기만 하거든."

"그렇군요."

"그러니 사과는 이곳에서 볼 수 없는 신기한 열매지. 그래서 내가 '사과나무 주인'이라는 별명을 얻게 된 거야. 이곳

동물들은 거꾸로 매달려 있는데다 물도 먹지 않고 털도 거꾸로 자라는 네가 사과처럼 신기하다고 생각하거든."

황금이는 보따리를 풀러 남은 사과를 모두 꺼냈어요.

"나무늘보 아저씨는 남들과 조금 다른 것뿐인데, 다들 신기하게 생각하는군요. 사실은 저도 다르게 생겼다고 두더지들에게 놀림을 받았어요."

"그렇구나. 거북 아저씨가 그랬어. 하나하나의 숫자가 다르듯 우리 모두 다 다르다고. 하지만 함께 조화를 이루며 멋진 수를 만들어 가는 거라고."

나무늘보의 목소리가 느릿느릿해졌어요.

"거북 아저씨를 만난 적이 있으세요?"

"아~흠. 졸려……. 가만히 매달려 있으면 바람들이 나무인 줄 알고 내게 이야기를 하지. 나는 몸 색깔을 변하게 할 수 있기 때문에 바람도 속일 수 있거든. 거북 아저씨의 얘기도 바람에게 들었지."

나무늘보가 늘어져라 하품을 했어요.

나무늘보의 눈이 조금씩 감겨 가고 있었어요.

"어? 주무시면 안 되는데……."

푹이가 걱정스러운 표정을 짓자, 황금이가 발을 동동 굴렀어요.

"바람이 말한 거북 아저씨를 만나려면 어디로 가야 하나요?"

"바다로 가야… 음냐음냐……. 바다로 가야 해. 이 나무 아래 가장 큰 뿌리가 뻗은 방향으로 흙을 계속 파서 가면……. 음냐음냐."

"그러면요? 그다음에는 어떻게 가야 하는데요?"

황금이는 나무늘보를 흔들었어요.

"음… 그다음에는… 바다와 통하는 굴이 있어. 그 굴 앞에 돌문이 있을 거야. 굴로… 들어가려면 돌문을 세 번 두들겨. 그러면 핀치새가 문을 열어 줄 거야. 주의할 점은, 진실을 말하면 안 돼……. 핀치새는 장난꾸러기거든."

"반대로 말하라고요?"

"으응… 반대로. 하지만 아름답다는 칭찬을 하면 참 좋아하지……."

나무늘보는 이미 깊은 잠에 빠진 것 같았어요. 아무리 불러도 일어나지 않았으니까요.

다시 깨어나기를 기다릴 수는 없었어요. 언제 일어날지도 모르고, 혹시 그 전에 독수리나 무서운 동물이 나타날 수 있으니까 말이에요.

황금이와 푹이는 깊은 잠에 빠진 나무늘보를 몇 번이나 흔들어 깨우다가 그만두었어요.

"푹이야, 가자! 무서운 동물들이 우릴 찾아낼지도 몰라. 나무늘보 아저씨는 나무 색으로 변해서 잘 안 보이니까 괜찮지만 말이야."

황금이와 푹이는 잠에 빠진 나무늘보에게 인사를 하고 나뭇잎을 넉넉히 땄어요.

푹이는 나무에서 내려오자마자 땅을 쿵쿵거리며 여기저기를 다니더니 땅을 파기 시작했어요.

덧셈식과 뺄셈식을 후루룩~

덧셈식을 보고 뺄셈식 만들기

서 있는 하마 12마리와 엎드린 하마 9마리가 있습니다. 무대에는 10마리씩만 올라갈 수 있어요. 모두 몇 마리일까요?

➡ 12 + 9 = 21

위의 식을 뺄셈식으로 바꾸어 볼까요?

하마는 모두 21마리 있고, 그 중 서 있는 하마가 12마리이면 엎드린 하마는 몇 마리일까요?

21 - 12 = 9 ⬅

또 하마는 모두 21마리 있고, 그 중에서 엎드린 하마가 9마리이면 서 있는 하마는 몇 마리일까요?

21 - 9 = 12 ⬅

뺄셈식을 보고 덧셈식 만들기

사과 20개 중에서 7개를 먹었습니다. 남은 사과의 수를 뺄셈식으로 나타내어 봅시다.

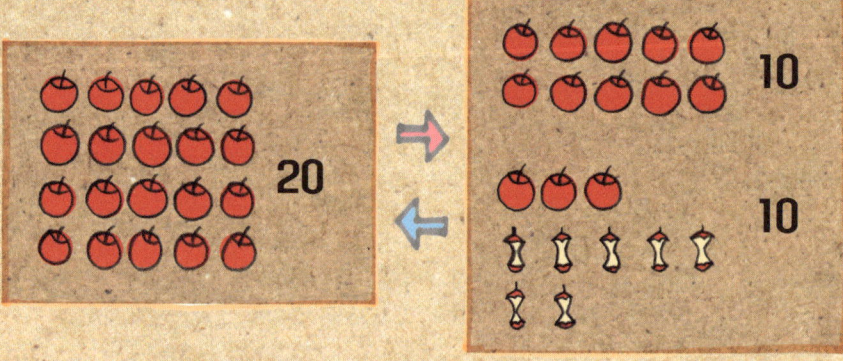

➡ 20 − 7 = 13

위의 식을 덧셈식으로 바꾸어 볼까요? 다 먹은 사과가 7개, 남은 사과가 13개가 있다면 처음에 있었던 사과는 모두 몇 개일까요?

7 + 13 = 20 ⬅
13 + 7 = 20 ⬅

황금이는 땅을 파는 푹이의 모습을 안쓰럽게 쳐다보고 있어요.

"굴까지 가려면 땅을 아주아주 많이 파야 되겠지?"

"이쯤이야 뭐. 내가 제일 잘하는 것이 땅을 푹푹 파는 것인걸!"

푹이는 웃으면서 나무늘보의 말대로 뿌리가 뻗은 방향을 향해 땅을 파 나갔어요.

한참 동안 땅을 파던 푹이가 갑자기 멈추었어요.

"이상하다. 여기는 왜 쉽게 파지지?"

그때, 갑자기 푹이의 뒤에서 축축한 나뭇잎 같은 것이 엉덩이를 스쳤어요.

순간 황금이는 아주 무서운 것을 보고 말았어요.

 푹이 뒤에서 삼각형 모양의 머리를 하고 온몸에 줄무늬가 있는 기다란 동물이 화난 눈으로 노려보고 있었어요. 황금이가 떨리는 목소리로 말했어요.
"푹이야… 움직이지 마……."
 푹이가 땅속에서 겨울잠을 자고 있는 뱀의 굴을 건드린 것이었어요.

뱀이 쉿쉿거리며 말했어요.

"얼마나 힘들게 잠들었는데 내 잠을 깨워! 작은 쥐가 감히! 배가 불러서 먹고 싶은 것도 없는데, 억지로라도 먹어야겠군!"

겁을 잔뜩 먹은 푹이가 천천히 돌아섰어요. 삼각형 모양의 머리를 가진 뱀에게는 독이 있어요.

"제 친구와 저는 거북 아저씨를 만나러 가는 길이에요. 나무늘보 아저씨가 이 방향으로 쭉 땅을 파라고 해서……."

"나무늘보?"

"네에……."

황금이는 덜덜 떨면서도 침착하게 대답했지만 푹이는 한마디도 못한 채 굳어 있었어요.

"에이, 귀찮다! 더군다나 넌 뾰족한 털을 가진 쥐잖아. 에잇!"

"네에……. 제 털은 황금 털이라 더 뾰족하지요. 목에 걸리면 아주 아프다고요."

"황금 털이고 뭐고 상관없어, 나무늘보가 너희를 보내 주

라고 했어도, 감히 내 잠을 깨운 것은 용서할 수 없어!"

황금이는 뱀이 배가 고픈 것이 아니라 잠을 깨운 것 때문에 화가 났다는 걸 깨달았어요.

"그럼 제가 재워 드릴까요?"

"재워 준다고? 네가?"

"네. 저희 엄마는 제가 잠이 안 올 때 동물들을 세어 주셨거든요. 어떤 동물을 생각하면 행복하세요? 제가 재워 드리지 못하면 저희를 잡아먹어도… 딸꾹."

황금이는 너무 무서운 나머지 말을 마치지 못하고 딸꾹질을 하고 말았어요.

옆에 선 푹이는 박제가 된 것처럼 움직이지도 못했고요.

"그래? 나는 개구리도 좋고 쥐도 좋아. 맛있거든! 헤헤."

"그, 그럼 쥐보다는 개구리로 할게요. 여기 편하게 누우시면 시작할게요."

너무 피곤한 나머지 다시 자고 싶었던 뱀은 또아리를 틀고 머리를 숙였어요.

황금이는 커다란 뱀 옆으로 가서 토닥이면서 작은 목소리로 속삭였지요.

"개구리 1마리, 개구리 2마리, 개구리 3마리……."

갑자기 뱀이 머리를 꼿꼿이 들면서 화를 냈어요.

"야, 그 작은 개구리를 1마리, 2마리 하면 언제 배가 채워지겠어? 4마리씩은 먹어야 배가 부르지!"

"네? 네, 그럼 4마리씩 뛰어 세기를 해 드릴게요. 딸꾹! 개구리 4마리, 개구리 8마리, 개구리 12마리, 개구리 16마리, 개구리 20마리, 개구리 24마리, 개구리 32마리, 개구리 36마리, 개구리……"

화를 내던 뱀은 작고 포근한 황금이의 속삭임과 토닥임에 서서히 잠이 들고 있었어요.

하지만 푹이는 여전히 꼼짝도 못 하고 있었지요.

황금이는 계속 뛰어 세기를 하면서 뱀을 살폈어요.

"개구리, 개구리 40마리… 개구리……. 앗, 뱀이 잠들었네. 푹이야, 얼른 가자!"

황금이는 아주 작게 말하면서 푹이의 손을 잡고 굴을 빠져 나왔어요.

파헤친 굴의 입구에 흙을 덮자, 다리에 힘이 풀린 황금이는 바닥에 주저앉고 말았어요.

"휴우~."

"휴우~."

푹이도 옆에 주저앉아 한숨을 쉬었어요.

"그런데 황금아, 어떻게 뱀을 재울 생각을 했어? 정말 대단하다! 네가 한 것이 뛰어 세기지?"

'뛰어 세기'라는 말을 듣자 황금이 얼굴에 다시 미소가 피어올랐어요.

"뱀도 별거 아니더라고! 100은 넘어야 잠들지 않을까 했는데 4씩 9묶음을 하니까 벌써 잠이 들기 시작했어."

"어떻게 그런 떨리는 상황에서 뛰어 세기를 한 거야? 계산이 돼?"

"살기 위해서는 뛰어 세기를 해야 한다고 다짐했어. 그래서 미릿속으로 계속 더하기를 했어. 4씩 3묶음이면 4 + 4 + 4 = 12가 되니까 4의 3배이고, 4씩 5묶음이면 4 + 4 + 4 + 4 + 4 = 20이니까 4의 5배가 되잖아. 그렇게 계속 계산을 한 거야."

신나게 얘기해 놓고 황금이가 부끄러운지 얼굴이 발개졌어요.

푹이는 자랑스럽게 황금이를 바라보곤 다시 힘을 내서 앞으로 앞으로 쭉쭉 흙을 팠어요.

며칠이 지났을까요? 나무늘보 아저씨가 말한 문이 드디어 눈앞에 나타났어요.

뛰어 세기를 후루룩~

4   4   4

여기 있는 개구리를 4마리씩 묶으면 모두 3묶음입니다.

4씩 3묶음

개구리의 수는 4, 8, 12로 4씩 뛰어 세면 12마리입니다.
4+4+4=12이므로 개구리는 모두 12마리입니다.

4씩 3묶음은 12입니다.
4씩 3묶음은 4의 3배입니다.
12는 4의 3배입니다.

뱀이 가지고 있는 개구리
3씩 1묶음

황금이가 가지고 있는 개구리
3씩 4묶음

황금이가 가지고 있는 개구리는
뱀이 가지고 있는 개구리의 4배입니다.
3씩 4묶음은 12입니다.
3씩 4묶음은 3의 4배입니다.
3의 4배는 3+3+3+3=12입니다.
12는 3의 4배입니다.

황금이와 푹이가 찾은 문은 바다로 통하는 굴과 연결되어 있었어요.

둘은 문을 보면서 좋아서 펄쩍펄쩍 뛰었어요.

"이제 거북 아저씨를 만날 수 있어! 야호!"

황금이는 천천히 문을 세 번 두들겼어요. 그랬더니 헛기침 소리가 들려왔어요.

"문을 열어 주세요. 거북 아저씨에게 곱셈을 배우러 왔어요."

"흠흠, 너희들은 어떤 뱀을 만났니?"

문 안에서 가늘고 작은 목소리가 들렸어요.

황금이가 막 대답을 하려는 찰나, 푹이가 갑자기 황금이의 입을 막았어요.

"진실을 말하면 안 돼! 알지?"

황금이는 고개를 끄덕였어요. 그럼 도대체 어떻게 말해야 할까요?

황금이는 조심스럽게 말했어요.

"저희는… 다리가 있는 뱀을 만났어요."

"머리 모양은?"

"머리 모양은 삼각형이 아니었어요."

"그럼 무슨 모양이었지?"

"잘 기억이 안 나는데……. 원이었나? 사각형이었나? 변이 5개인 오각형인가? 변이 6개인 육각형인가?"

"그래? 그럼 난 어떤 모습일 것 같아?"

문 안의 목소리가 물었어요.

푹이는 문 안에 장난꾸러기 핀치새가 살고 있다고 나무늘보 아저씨가 말했던 것을 생각해 냈어요. 아름다운 색을 가진 작은 새라는 것도요.

푹이가 황금이 귀에 대고 속삭이자, 황금이가 그대로 대답했어요.

"색깔이 없는 커다란 새요."

"정말? 그렇게 생각하니? 호호!"

웃음소리와 함께 문이 열렸어요.

문 앞에 나타난 목소리의 주인공은 푹이보다도 더 작은 새였어요. 황금이는 푹이보다 작은 동물이 지렁이와 땅강

아지 말고도 있다는 것이 신기하기만 했지요.

하지만 새가 가진 깃털의 빛깔은 너무도 아름다웠어요.

"안녕하세요. 문을 열어 주셔서 정말 감사합니다. 나무늘보 아저씨가 이리로 가면 거북 아저씨를 만날 수 있을 거라고 했거든요."

문 안쪽으로 어둑하고 컴컴한 굴이 보였어요.

황금이는 목을 길게 빼고 굴을 들여다보았어요. 무척 길고 깊은 굴 같았어요.

"그런데 아름다운 분이시여…, 이 굴이 바다로 연결되어 있나요?"

핀치새는 으쓱하면서 꼬리를 한번 털더니 거만한 표정을 지었어요.

"아니. 거북 아저씨는 육지에 살아. 단지 바다로 가고 싶어 할 뿐이지. 지금은 이 굴 속에 있단다. 16시간을 주무셨으니 이제 일어나실 거야."

핀치새는 황금이와 푹이를 거북 아저씨가 있는 곳까지 안내해 주었어요. 생각보다 친절한 핀치새군요.

황금이와 푹이는 핀치새를 따라 한참 동안 굴 속으로 걸어 들어갔어요. 핀치새에게 거북 아저씨를 만나야 하는 이유를 얘기하면서요.

얼마나 걸었을까요. 평평한 바닥 위에 아주 납작한 바윗덩어리가 보였어요.

"아저씨! 애들이 곱셈을 배우러 왔대요! 나무늘보 아저씨가 일러 주었대요!"

핀치새는 바윗덩어리 위로 올라가 춤을 추듯이 폴짝폴짝 뛰었어요.

잠시 후, 바위가 움직였어요. 그리고 바위에 난 구멍에서 짧은 팔과 다리가 나왔지요.

마지막으로 얼굴이 천천히 나왔어요.

"뭐라고? 나무늘보가? 곱셈을?"

"네! 이 아이들은 곱셈을 배워야 엄마를 만날 수 있대요."

핀치새는 또다시 춤을 추듯이 거북 아저씨의 배 위에서 폴짝거렸어요.

"그래? 그럼 가르쳐 주어야지!"

거북 아저씨는 거꾸로 된 몸을 똑바로 뒤집으려고 발버둥을 쳤어요.

황금이와 푹이는 그 모습에 웃음이 터져 나오려고 했지만 꾹 참고 힘을 합쳐서 아저씨를 똑바로 뒤집어 주었어요.

"에구, 나이가 많아서 기운이 점점 달리네. 나는 내 새끼들, 그러니까 태어날 내 알들을 세기 위해서 곱셈을 익혔지."
거북 아저씨가 인자하게 웃었어요.
"저희 엄마가, 세상을 많이 알게 되면 엄마를 찾을 수 있다고 하셨거든요. 세상을 이해하려면 수학을 알아야 한다고도 하셨어요."

황금이가 정신없이 말을 뱉어 냈어요. 핀치새가 날아올라 황금이의 입 위에 올라앉았어요.

"바보야, 거북 아저씨는 듣지를 못해. 네가 아무리 떠들어 대도 하나도 안 들린단 말이야. 내가 아까 폴짝거리는 것을 보지 못했니? 거북 아저씨의 등을 두들겨서 하고 싶은 말을 전한 거라고."

핀치새의 말을 들은 황금이는 난감해졌어요. 황금이는 거북 아저씨에게 수학에 대해 질문하고 싶었거든요. 혹시 자신의 엄마를 본 적이 있는지도 물어보고 싶었고요.

황금이의 표정을 보고 거북 아저씨가 웃었어요.

"허허! 우리 폴짝이가 나에 대해서 말해 버렸나 보군! 괜찮다, 아가들아. 난 듣지는 못하지만 볼 수 있어. 눈으로 너희들이 하는 말을 느낄 수가 있거든."

"와! 저와 비슷하시네요. 전 앞을 잘 못 보거든요. 하지만 전 들을 수 있어서 황금이를 느끼고 상상할 수 있어요. 그래서 동그란 달도, 뾰족한 점이 3개인 삼각형도 알아요. 헤헤."

"넌 누구니?"

"전 두더지 푹이예요."

황금이와 푹이가 말할 때마다 거북 아저씨 등 위에서 핀치새가 열심히 뛰었어요.

황금이와 푹이의 말을 거북 아저씨에게 전하기 위해서였지요. 거북 아저씨가 투덜거렸어요.

"아이구, 폴짝아! 네가 그렇게 뛰지 않아도 난 저 아이들이 하는 이야기를 이해할 수 있단다."

"어떻게 듣지 않고 이해할 수 있어요?"

황금이는 폴짝거리며 뛰는 핀치새와 거북 아저씨를 보며 고개를 갸웃거렸어요.

"상대의 생각을 이해하려는 마음이 가득하면 가능하단다. 허허."

"아저씨 말씀이 맞아. 나도 보이지 않는데도 느껴지거든! 헤헤."

"정말? 마음만으로?"

황금이는 여전히 이해할 수 없었어요.

"내가 몇 살처럼 보이니?"

거북 아저씨가 인자하게 미소 지으며 물었어요.

"나이요? 아주 많으실 것 같아요. 40살?"

"허허. 내 나이는 너희들이 상상할 수 없을 정도로 많단다. 500살도 넘었거든."

황금이와 푹이의 입이 쩌억 벌어졌어요.

"우아! 정말이요?"

"그렇단다, 허허. 세상을 알고 싶어서 수학을 배우러 왔니?"

"네, 맞아요."

"그래, 너희들은 어리니까 세상을 배우는 여러 가지 방법을 알아야 하지. 그중의 하나가 수학이고. 곱셈을 배우고 싶다고?"

"네!"
"곱셈을 이해하려면 먼저 묶어 세기나 뛰어 세기를 할 수 있어야 하는데?"
"황금이가 뛰어 세기를 얼마나 잘하는데요!"
푹이는 황금이를 가리키면서 으쓱댔어요.

"그렇구나. 난 옛날에 알을 6개씩 묻어 두곤 했단다. 얼마나 여러 군데에 묻어 두어야 하는지, 생각만 해도 땀이 뻘뻘 나는구나. 알을 6개씩 9군데 묻어 두면 모두 몇 개인지 알겠니?"

"알의 수가 6개씩 9묶음인 거죠? 그러면 6, 12, 18, 24, 30, 36, 42, 48, 54니까 6을 9번 더한 거죠. 그러면 6의 9배네요. 6의 9배는 54예요."

거북 아저씨는 기특하다는 듯 미소를 지었어요.

같은 수를 여러 번 더하는 것을 곱셈이라고 한다. 그러니까 6의 9배는 54이고, 6 곱하기 9는 54와 같다(6×9=54)고 하는 거야."

"그럼 더하기가 곱셈인가요?"

"그냥 더하기가 아니야. 같은 수를 여러 번 더하는 것을 곱셈이라고 하는 거야."

"그럼 개구리가 4마리씩 9묶음만큼 있으면, 4를 9번 더하는 것이니까 곱셈으로 나타낼 수 있나요?"

"그래! 4를 9번 더하는 것은 4의 9배이고, 4 곱하기 9는 36과 같단다(4×9=36)."

"그럼 그냥 더하면 되지, 왜 곱셈이라고 해요?"

"덧셈이면 똑같은 수를 여러 번 더해야 하는데, 그건 시간 낭비거든. 그래서 곱셈이라는 멋진 계산을 이용해서 빠르고 간단하게 하는 거야."

"빨라요?"

"허허, 그럼. 곱셈구구 주문을 외우면 정말 빠르단다."

곱셈식을 후루룩~

2+2+2+2+2+2=12을 곱하기 기호인 ×를 사용하여 간단하게 2×6=12이라고 나타냅니다.

2×6=12는 2를 6번 더했다는 의미입니다.

2×0은 얼마일까요?

2를 한 번도 더하지 않는다는 뜻이므로 0입니다.

그럼 0×2는 얼마일까요?

0을 2번 더하는 것으로 0+0=0이므로 0×2=0입니다.

황금이는 기쁜 얼굴로 거북 아저씨에게 가까이 갔습니다.

"그럼 그 주문을 가르쳐 주시겠어요?"

"가르쳐 줘야 할까 말까 고민 중이다."

"네?"

"너희들은 곱셈을 배우러 온 거잖니. 그러니까 스스로 생각하는 성의를 보여야지. 곱셈을 반복해서 해 보고, 빠르게 하는 방법도 찾아봐."

황금이는 실망한 듯 시무룩해졌어요.

이때 푹이가 무언가를 생각해 냈는지 황금이에게 속삭였어요.

푹이의 말을 들은 황금이는 얼른 매고 있던 보따리를 풀러 나뭇잎을 꺼냈지요.

"아저씨! 이건 나무늘보 아저씨의 나무에서 따 온 나뭇잎이에요. 선물입니다."

거북 아저씨는 황금이가 말을 끝내기도 전에 코로 쿵쿵 냄새를 맡더니 나뭇잎을 덥석 집어 들었어요.

"내가 좋아하는 나뭇잎이구나! 어떻게 알고 챙겨 왔지? 고마워라. 좋아, 내가 도움을 좀 주지."

"네!"

황금이와 푹이가 씩씩하게 대답했어요.

"곱셈의 원리를 알아야 진정한 주문의 주인이 될 수 있단다. 만일 핀치새 6마리가 있다면, 핀치새들의 다리가 모두 몇 개인지 곱셈으로 말할 수 있겠니?"

거북 아저씨가 물었어요. 그러자 황금이는 핀치새의 다리 수를 확인했어요.

"곱셈으로 할 수 있어요. 한 마리가 다리가 2개니까 2개씩 6번 더하는 거죠. 2의 6배이고, 2 곱하기 6이요."

"그래? 그러면 몇 개지?"

"2씩 6번 뛰어 세기한 것과 같으니까 2, 4, 6, 8, 10, 12예요. 12개요."

"그래! 맞다. 내가 너희들에게 주문을 알려 줘도 될 거 같구나."

거북 아저씨의 말을 들은 황금이의 표정이 밝아졌어요.

"그럼 이제 전 지렁이를 빠르게 셀 수 있게 되나요?"

"이 주문을 외면 곱셈은 순식간에 해치울 수 있을 거다!"

황금이와 푹이는 좋아서 얼싸안고 깡충깡충 뛰었어요.

"자, 주문을 가르쳐 주마. 이건 **곱셈구구**라는 주문이란다."

"곱셈구구요?"

"그래. 먼저 '2의 단 곱셈구구'부터 시작하자꾸나. 2의 묶음 세기나 뛰어 세기는 2씩 커지지? 그것을 곱셈구구 주문으로 하면 이렇게 된다고!"

너희들이 가져온 나뭇잎을 2장씩 놓으면 이렇게 되지?

덧셈식으로 하면 2+2+2+2+2=10이고, 곱셈식은 2×5=10 이잖니.

이런 2의 묶음 수를 곱셈으로 만들고, 2의 단 곱셈구구 주문을 적어 보며 이런 모양이 완성된단다.

2의 단 곱셈구구에서는 곱이 2씩 커지는 거야.

이 주문을 어떻게 외우냐고?"

거북 아저씨는 커다란 눈을 떼굴떼굴 굴리며 말했어요.

"이이는 사, 이삼은 육, 이사팔, 이오십, 이육십이, 이칠십사, 이팔십육, 이구십팔!"

황금이와 푹이는 거북 아저씨의 설명에 푹 빠져들었어요.

"어떠냐? 이렇게 하면, 나중에 2 곱하기 9가 얼마인지 알고 싶을 때 일일이 더해 보지 않아도 되지. 주문만 외우면 후다닥 알 수 있게 되는 거야."

황금이는 자기도 모르게 고개를 끄덕였어요.

"이렇게 3, 4, 5, 6, 7, 8, 9의 단 곱셈구구도 주문표를 만들어서 그 주문들을 모두 외워 버리도록 해라. 그럼 빠르게 곱셈을 할 수 있지."

　거북 아저씨는 바위 아래에서 두루마리 종이를 가져와 후루룩 펼쳤어요.
　기나긴 두루마리 종이에는 2단부터 9단까지의 곱셈구구가 적혀 있었어요.
　황금이는 입을 쩌억 벌리고 꼼짝하지 못했어요. 푹이가 황금이의 옆구리를 푹 찔렀지요.
　"황금아, 왜 말이 없어?"
　"외워야 할 것이…… 너무 많잖아!"
　거북 아저씨가 미소를 지었어요.
　"허허, 외우기에 앞서, 여기 숨겨진 규칙을 찾아볼까?"
　"규칙이요?"
　"맨 위쪽의 4 아래로 써 있는 수들의 규칙이 무엇인 것 같니?"
　"4 아래면 4, 8, 12이니까… 4씩 커지네요?"

"그래. 그럼 맨 왼쪽 세로줄에 적힌 5의 가로줄에 있는 수들은?"

"5의 가로줄은 5, 10, 15… 니까 5씩 커지네요."

"잘했어! 그럼 왼쪽 위 꼭짓점에서 아래 오른쪽 꼭짓점으로 그은 대각선에 있는 수들의 규칙은?"

"네? 1, 4, 9, 16……. 뭐지?"

"곱셈을 생각해 봐."

"곱셈이라고요?"

"그래."

황금이는 곰곰이 생각했어요.

"아하! 1×1, 2×2, 3×3, 4×4… 니까 똑같은 수를 곱했네요."

"허허, 그래그래."

"그런데 이것을 다 외워야 해요?"

"꼭 외울 필요는 없어. 하지만 빠른 곱셈을 익혀서 지렁이도 빨리 세고, 또 더 많은 세상 속에 담긴 수학을 배우려면 외우는 것이 낫단다."

거북 아저씨는 나뭇잎을 입에 물고서 거북 껍질 속으로 들어갔어요. 황금이가 다급하게 물었어요.

"저희가 이것을 다 외우면 또 무엇을 가르쳐 주실 건가요?"

거북 아저씨는 껍질 속에서 울리는 목소리로 기침을 했습니다.

곱셈구구 3 6 9 12~ 5 10 15~

×	1	2	3	4	5	6	7	8	9
2	2	4	6	8	10	12	14	16	18

×	1	2	3	4	5	6	7	8	9
3	3	6	9	12	15	18	21	24	27

×	1	2	3	4	5	6	7	8	9
4	4	8	12	16	20	24	28	32	36

×	1	2	3	4	5	6	7	8	9
5	5	10	15	20	25	30	35	40	45

×	1	2	3	4	5	6	7	8	9
6	6	12	18	24	30	36	42	48	54

×	1	2	3	4	5	6	7	8	9
7	7	14	21	28	35	42	49	56	63

×	1	2	3	4	5	6	7	8	9
8	8	16	24	32	40	48	56	64	72

×	1	2	3	4	5	6	7	8	9
9	9	18	27	36	45	54	63	72	81

"콜록! 에헴! 나뭇잎이 너무 맛있다. 빨리 먹다가 목에 걸렸어. 너희들이 다 외우면 그때 가서 생각해 보마. 수학은 오르고 오를수록 많은 것들이 보이는 멋진 세계야!"

황금이와 푹이는 구구단을 열심히 외웠어요.

"이이는 사, 이삼은 육, 이사팔, 이오십, 이육십사……."

"푹이야! 아니야! 어떻게 이오십 다음이 이육 십사니? 십이이지!"

"내가 그랬어? 푸하하!"

푹이와 황금이는 서로 마주 보며 웃었어요.

푹이와 황금이는 이제 어떤 수학을 배우게 될까요? 그리고 어디로 가게 될까요?

정말로 엄마를 다시 만날 수 있을까요?

거북 아저씨는 껍질 안에서 우적우적 나뭇잎을 먹고, 그 옆에 있는 황금이와 푹이는 구구단을 외웁니다.

동굴 속에서 외우니 그 소리가 낭랑하게 울려 퍼지네요. 지구 반대편까지도 들릴 것 같아요.

지은이 박현정

아이들에게 수학이 얼마나 재미있는지 알려 주고 싶어서, 엄마들이 왜 수학을 싫어하게 됐는지 집집마다 찾아가 설명할 수 없어서 수학 동화를 쓰기 시작했답니다.
경희대학교 수학과를 졸업하고 이화여자대학교 대학원에서 수학교육 박사학위를 받은 후, 이화여자대학교와 경희대학교에서 수학교육을 가르쳤고, 기독교 방송국 CBS 문화센터의 수학교실 프로그램 개발, 한국교육과정평가원의 TIMSS(수학과 과학 국제 성취도평가) 연구 참여, 영재교육센터의 프로그램 개발과 강의를 하였습니다.
머릿속에서 수시로 꿈틀대는 재미있는 이야기들과 매력적인 캐릭터들 때문에 오늘도 잠을 설치는 선생님은 수학책을 많이 많이 써서 모두들 수학을 좋아하게 만드는 게 꿈이랍니다. 쓴 책으로는 『누나는 수다쟁이 수학자 1,2,3,4』 『나의 첫 수학 놀이』와 『0의 비밀 화원』 『신비한 동물의 숲』 『시꾸기의 꿈꾸는 수학 교실』 등이 있습니다.

그린이 곽재연

톡톡 튀는 외모, 익살스런 표정을 가진 장난 가득한 캐릭터들의 신나는 모험을 그려 온 선생님은 산업디자인학과를 졸업하고 2003년 한국출판미술대전 특별상과 특선을 수상했습니다. 어린이를 위한 참신하고 재미있는 일러스트를 개발하기 위해 늘 다양한 시도를 즐긴답니다. 『저학년 속담』 『한국사를 뒤흔든 20가지 전쟁』 『역사와 친구하자 1, 4』 『세상 가장 소중한 가치』 등 많은 어린이책에 그림을 그렸습니다.